WUNSCH UND WIRKLICHKEIT

Keiner
wird kommen
vom Himmel hoch,
unsere zerscherbten
Träume zu kitten,
und die Sollbruchstellen
der Sehnsucht.
Kein Engel
wird kommen
die Wunden dieser Welt
auf seinen Flügeln
zu tragen –
wenn er nicht auch
unsere Hände
und unsere Füße hat

Isabella Schneider

Weihnachtsboten

Wir dürfen Gottes Boten sein
in diesen dunklen Tagen,
verbreiten einen hellen Schein,
zu lindern bange Fragen.

Wir dürfen Gottes Hände sein
in diesen schweren Zeiten
und aus dem Brot und aus dem Wein
den neuen Weg bereiten.

Gott schenkt sich uns selbst als Kind,
geboren dort im Stalle –
wenn wir der Liebe Boten sind,
wird Weihnachten für alle.

Maria Sassin

Ins Licht getragen

Ich wünsche dir,
dass es Engel sind, die dich im Advent auf Händen ins Licht tragen
und du erleichtert aufatmen kannst.

Ich wünsche dir,
dass der Sternenglanz des Himmels, dich im Innersten berührt
und dir dabei hilft loszulassen, was dich beschwert.

Ich wünsche dir,
dass die Nacht der Nächte, dir zur Liebesgeschichte wird
und dein Knien vor der Krippe dich auferstehen lässt.

Cornelia Elke Schray

Kleine Gabe

aus der krippe
ein halm stroh
ist mein geschenk für dich

er gebe dir tag für tag
eine ahnung von wärme
geborgenheit
und in seinem knistern
das flüstern der engel
die um dich sind

Maria Sassin

Engel des Advents

Der Engel des Advents
Legt dir leise
Die Hand auf die Lippen
Flüstert:
Werde still

Der Engel des Advents
Berührt leise
Deine Sohlen
Flüstert:
Halte ein

Der Engel des Advents
Legt dir leise
Die Hand über die Augen
Flüstert:
Schau nach innen

Der Engel des Advents
Legt leise
Die Hand auf dein Herz
Flüstert:
Fürchte dich nicht

Carola Vahldiek

Das Trostpäckchen

Die Klappe des Hausbriefkastens schlug mit lautem Schlag zu. „Sicher wieder nur eine Rechnung“, dachte sie und schlurfte durch den Hausflur, drehte den kleinen Schlüssel im Briefkastenschloss und war sehr erstaunt, ein kleines Päckchen in Händen zu halten. „Nanu, wer schickt mir dieses?“, überlegte sie und dreht die Post hin und her, bis sie in einer Ecke die Absenderadresse erblickte. „Ah, meine liebe Studienfreundin – wie gut, dass sie mich nicht vergessen hat …“

Sie kochte sich eine Tasse Kaffee, dann öffnete sie neugierig den Briefumschlag. „Sparsam wie immer“, grinste sie, als sie sah, wie sorgfältig die Freundin einen gebrauchten großen Umschlag recycelt hatte. Schon fiel ihr eine leuchtend orangene Karte entgegen.

„Alles Gute zum Geburtstag“, las sie. „Ich hoffe, mein Geschenk gefällt dir und du findest darin etwas Trost in dieser schrecklichen Zeit!“ Ja, leicht war es nicht nun mitten in der Viruszeit. Es gab so viele Einschränkungen des Alltagslebens und man war wirklich recht viel allein. „Aber heute bin ich ja froh, weil mir jemand so liebe Post geschickt hat“, lächelte sie. „Da brauche ich kein Trostpäckchen! Ich bewahre es auf, bis ich einmal einen richtig schlechten Tag erwische. Dann wird es mir neue Kraft geben!“ Vorsichtig legte sie das in buntes Papier gehüllte Geschenk auf das Bücherregal. Dann ging sie in die Küche Kartoffeln schälen.

Die Wochen vergingen. Sie ging viel spazieren, freute sich an den mannigfachen Gaben der Natur, an Früchten, Nüssen, bunten Blättern. Manchmal vermisste sie ihre Freunde, doch immer wieder gab es nette Kontakte mit Nachbarn oder Anrufe. Das Trostpäckchen blieb ungeöffnet liegen.

Beim Spazierengehen verdrehte sie sich das Knie und musste einige Zeit liegen. Vorsichtig schielte sie nach dem Päckchen im Regal und war geneigt, es nun zu öffnen. Doch als sie sich erheben wollte, durchschoss ein heftiger Schmerz ihr Knie und so blieb es bei der Idee. „So schlecht geht es mir

Engelflügelschlagen

Danke, ja
ich habe durchgeatmet
mich hingesetzt
die Brille geputzt
den Blick geweitet
den Stern entdeckt
der Melodie gelauscht
den Jubel gehört
die Botschaft vernommen
mich am Licht erfreut
und ahne im Flackern der Kerze
ein Engelflügelschlagen

Weihnachten
ja, bitte!

Thomas Knodel

ja nicht“, dachte sie. Bücher und Filme lenkten ab.
Ein guter Freund starb. Sie holte traurig ihr Päckchen hervor. „Ich mache mir eine Kerze an und dann packe ich es aus!“, sagte sie sich. Sie riss ein Streichholz an. Warmes Licht erfüllte den Raum und brachte all die guten Erinnerungen zurück. Sie verlor sich getröstet in Gedanken.
Die Pandemie wurde schlimmer, andere Sorgen häuften sich. Oft sah sie auf ihr Geschenk. „Hauptsache, ich habe das Päckchen, an dem ich mich freuen kann, wenn es mal wirklich schlimm kommt“, dachte sie und fühlte sich jedes Mal so getröstet, dass das Leben ihr heller erschien.

Das Jahr verging. Weihnachten nahte. Die Klappe ihres Briefkastens schlug. Ein dicker Brief wartete. Er war von ihrer Studienfreundin. „Liebe Freundin“, stand da. „Es ist mir so furchtbar peinlich. Eben fiel mir Beiliegendes in die Hand. Ich wollte im letzten Jahr den kleinen Engel gut verpacken, doch irgendwie habe ich nur das Papier erwischt und dir geschickt und der Engel blieb bei mir. So sei er dir Weihnachtsgabe! Nun bist du wegen meiner Dummheit sicher sauer ...“
Die Frau lächelte und zog den winzigen Engel aus dem Umschlag. „Nein“, sagte sie, „das Trostpäckchen hat mir über so Vieles hinweg geholfen. Ich werde es verschlossen lassen und den kleinen Engel daran kleben, um mich in schweren Stunden daran zu erinnern, jemand denkt an mich und die Hoffnung bleibt!“

Maria Sassin

NUN LEUCHTEN SIE WIEDER

Nun leuchten sie wieder
gleißende Lichtgirlanden
in den Einkaufsstraßen
in Gärten und Häusern
Freude für Augen
die sich nach Licht in der Dunkelheit sehnen

Nun leuchten sie wieder
tausende und abertausende Lichterkerzen
strahlen aus Ruhe und Behaglichkeit
laden ein zu Besinnung und Stille

Nun leuchten sie wieder
Menschenlichter
lebende Weihnachtslichter
Lichterengel in Menschengestalt
verbreiten Güte und Wärme
Zuversicht und Hoffnung
teilen Brot mit dem Hungrigen
reichen ihre Hand dem Einsamen
den Mutlosen und Verzagten
sprechen Worte die zu Herzen gehen:
Du bist nicht allein
Ich geh mit dir
Fürchte dich nicht

Gerhard Heilmann

BOTSCHAFT DER ENGEL

Kommt an
es ist alles getan
das Gute kommt wieder

Seid still
strengt euch nicht mehr an
legt die Arbeit nieder

Öffnet das Herz
und die Hände
so voll sie auch sind

Werdet
was in euch wartet
werdet das Kind

Doris Bewernitz

Fürchtet euch nicht

Der Engel ‚Fürchte dich nicht'
erfülle dich mit neuer Kraft
und lege ein Lied
auf deine Lippen,
dessen mächtigsüße Töne
die Nacht durchdringen
und sie zum Leuchten bringen –
‚Fürchtet euch nicht!'

Maria Sassin

DAS IST WEIHNACHTEN

Nimm dir Zeit für die Sehnsucht nach den Sternen
Sei geduldig mit deinem wintermüden Herz
Verschenke dich an die Stille des Himmels
Bring zur Krippe was dich ängstigt
Sieh den Engeln vertrauend ins Gesicht

Mach es wie Gott und werde Kind

Cornelia Elke Schray

Wo Engel sind

Ich traf
einen Engel
Er winkt mir zu zwischen Rot und Grün
erinnert die Farbe meiner Augen
Er sammelt meine verlorene Zeit
In seiner Hand beginnt sie zu leuchten
Er schreitet aufrecht
wo alles rast
und trägt meine Zeit geduldig singend

Er wacht zwischen Fronten
und bei Satten
lauscht
sucht leise Stimmen für sein Lied
trägt Tränen
Nacht und Traurigkeiten
zum Licht
der Engel neben mir

Gertrud Hanefeld

Engelslieder

Nicht erst in der Heiligen Nacht
erwacht auf Knopfdruck
der Chor der Engel.

Wir wären verloren,
sängen sie uns nicht Tag für Tag,
ein Leben lang, mitten ins Herz.

Cornelia Elke Schray